Translation by Ana Izquierdo/Arlette de Alba

Artwork © Shutterstock.com 2025 Linefab Portfolio; VectorShow; nnnnae; Edge Creative; WinWin artlab; Anastasia Petrova; Daria Yakovleva; Studio Barcelona; danceyourlife; Macrovector; Yulya Vladson; Alexander Yurkevich; Irina Danyliuk; ivector; masmas; Polina Valentina; Sudowoodo; FeelplusCreator; Steinar; GLYPHstock; Incomible; robuart; Artisticco; curiosity; feodarina; mattasbestos; SofiaV; Alexander Ryabintsev; Amplion; Tarskaya_Tatiana; imaginasty; Soul1d; Tomacco; EgudinKa; GAlexS; UlaCorallia; delcarmat; MarySan; Jabirki Art; Katerina Ternavskaya; HappyPictures; Mind Pixell; benchart; MuchMania; ONYXprj; Ton Ponchai; Viktoria Kazakova; Anastasia Boiko; primiaou; Soymilknbanana; Soyon; irmairma; Shanvood; Sky and glass; Volha Shaukavets; Giraffarte; 32 pixels; Ansty; THAWEESAK NAMMANEEWONG; Beresnev; nini-panini; Sky Designs; Victoria Sergeeva; Maquiladora; UVAconcept; Vector Tradition; NotionPic; Sentavio; ayelet-keshet; Naty_Lee; Bluehousestudio; lady-luck; Qualit Design; Photoonlife; Boyko.Pictures; Rimma R; Nadya_Art; grmarc; RedlineVector

First published by PI Kids as *¿Qué ves aquí? Por todo el mundo.*

Customer Service: 1-877-277-9441 or CustomerService@PhoenixInternational.com

Published by PI Kids, an imprint of Phoenix International Publications, Inc.
8501 West Higgins Road   34 Seymour Street   Heimhuder Straße 81
Chicago, Illinois 60631   London W1H 7JE   20148 Hamburg

PI Kids is a trademark of Phoenix International Publications, Inc., and is registered in the United States.

www.PhoenixInternational.com

Library of Congress Control Number: 2025931329

ISBN: 979-8-7654-1215-2

Mira y busca

por todo el mundo

Escrito por Kathy Broderick

An imprint of PHOENIX International Publications, Inc.
Chicago • London • Hamburg • Mexico City • Sydney

En la CIUDAD DE NUEVA YORK hay muchas cosas imponentes.
Encuentra un **taxi**, la **Estatua de la Libertad** y un **perrito caliente**.
Busca el **edificio Empire State**, una **entrada del metro** y una **pizza**.
¡Cruza el **puente de Brooklyn**, disfruta la hermosa vista!

HOT DOG
HOT DOG

Subway

¡Vamos a CANADÁ, un gran país en el norte!
Esquí y **hockey** sobre hielo, con frío también se hace deporte.
Contempla las **Cataratas del Niágara** y prueba la **miel de maple**.
¿Puedes ver una **ballena** y oír el bramido de un **alce**?

30
21

¡Vayamos a MÉXICO, cálido, alegre y bello de verdad!
Encuentra **maracas**, **tamales** y una **pirámide de la antigüedad**.

¿Quieres ver **llamas**? Viaja al sur, a PERÚ, un país hermoso,
¡y encuentra una **zampoña**, **Machu Picchu** y un **perezoso**!

Cruza el mar. LONDRES, INGLATERRA, vamos a ver.
Tomaremos **fish and chips** y una taza de **té**.
Busca el **Big Ben**, desde el **Ojo** lo puedes contemplar.
¡Toma el **autobús** y mira el **palacio** al pasar!

TELEPHONE
Fish & chips

Siguiente parada: PARÍS, FRANCIA. ¡Qué hermosa capital,
con la pirámide del **Louvre** y un **retrato** sin igual!
Busca **queso** y **caracoles** y, después del almuerzo,
cruza el **Arco del Triunfo** y verás la **Torre Eiffel** sin esfuerzo.

Mon amour
Paris

En EGIPTO abundan tesoros antiguos y valiosos.
Busca **camellos**, **escarabajos** y un **ibis** hermoso.
¡Encuentra **pirámides**, un **sarcófago**, la **Esfinge** herida,
jeroglíficos antiguos y un **ankh** o cruz de la vida!

¡Vamos ahora a CHINA! Hallarás **dim sum** delicioso,
lindas **linternas colgantes** y un **gong** ruidoso.
Busca un **dragón** y **estatuas** de enorme talla,
una **pagoda**, un **panda**, **bambú** y la **Gran Muralla**.

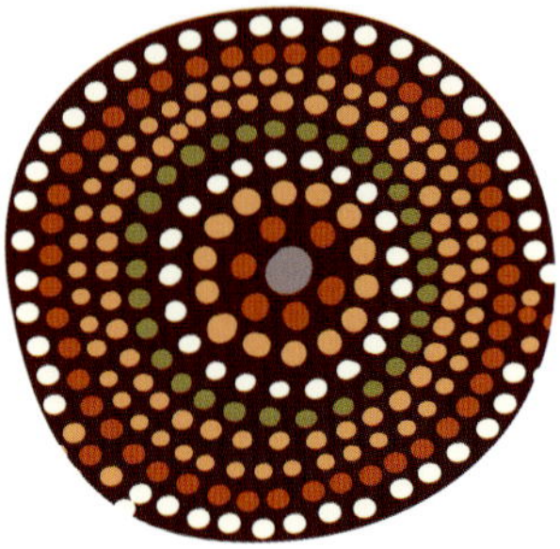

El singular país de AUSTRALIA tiene bellas vistas.
Encuentra la **Casa de la Ópera de Sídney** y un **surfista**.
Busca en esta tierra un **wómbat** regordete y un **canguro**,
también verás un **koala** y un **ornitorrinco**, seguro.

Aquí en JAPÓN puedes comer delicioso **sushi**,
ver las **flores de cerezo** y subir al **Monte Fuji**.
¡Encuentra un **luchador de sumo**, unas sandalias **geta**,
figuras de origami, un **kimono** y un **bonsai** en su maceta!

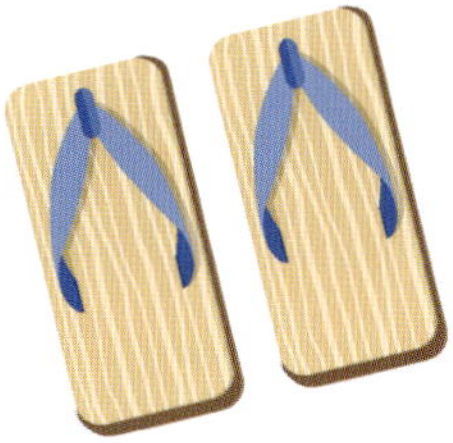

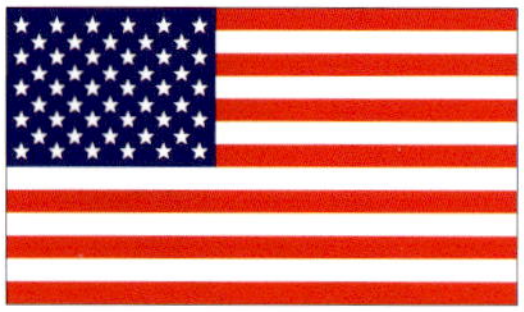

Llegamos a SAN FRANCISCO, ¡aquí acaba el día!
Admira el puente **Golden Gate** y sube al **tranvía**.
Encuentra la sinuosa **calle Lombard** y la **isla de Alcatraz**.
¡Viajar es divertido e interesante de verdad!

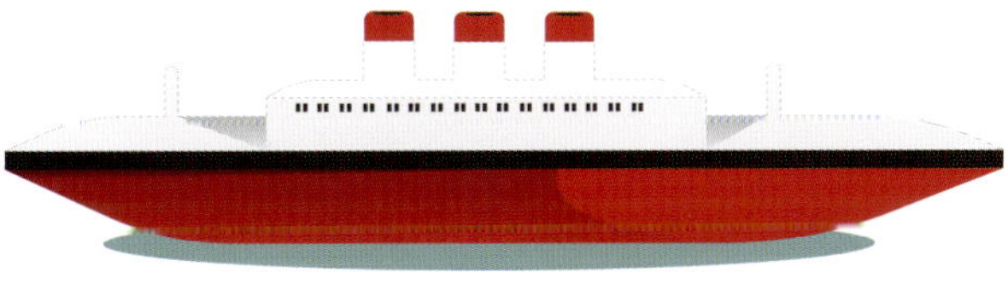